LE MENDIGOT

LE MENDIGOT

Directrice de collection
Françoise Ligier

Révision
Michèle Drechou
Maïr Verthuy

Conception graphique
Meiko Bae

Illustrations intérieures
Bruno St-Aubin

Illustration de la couverture
Bruno St-Aubin

Mis en page sur ordinateur par
Mégatexte

ISBN 2-89045-894-6

LE MENDIGOT

Fatima Gallaire

Collection Plus
dirigée par
Françoise Ligier

Fatima Gallaire

«Je m'appelle Fatima, un prénom que vous connaissez peut-être. Je suis née en Algérie. J'ai traversé la mer Méditerranée pour aller étudier en France.

J'ai deux langues dans ma vie: ma langue maternelle qui est l'arabe et aussi le français qui reste pour moi une langue belle et proche puisque ma mère le parlait déjà...

Je vis à présent en France et j'ai deux enfants qui aiment les histoires.»

Certaines pièces de théâtre de Fatima Gallaire ont été jouées à Paris et à New York et sont traduites en anglais et néerlandais.

Parmi celles-ci, on trouve: *Ah ! Vous êtes venue... là où il y a quelques tombes !*, *Témoignage contre un homme stérile, Position de travail, Les co-épouses.*

Fatima Gallaire écrit aussi des nouvelles; *Jessie ou l'appel du désert* a paru dans Meilleures nouvelles de l'année (1988).

Marc est encore au lit quand il entend le premier coq. Le jour se lève à peine. Cela fait trois jours exactement qu'il est réveillé par le chant des coqs; il est dans son lit, immobile et plein d'espoir.

Marc est arrivé depuis peu de jours, avec ses parents, dans ce village d'un de ces pays magnifiques qui bordent la mer en Afrique du Nord. Son père a un travail à faire ici. Il sent qu'il aime déjà ce village où les enfants sont différents des enfants bretons. Ils ne parlent pas la même langue que lui; toutefois certains parlent français en plus de l'arabe, leur langue maternelle. Ils ne vivent pas comme les petits Bretons. Leurs maisons sont différentes ainsi que leurs habitudes de vie et leur religion. Ils sont musulmans.

Sa mère, qui ne connaît pas ces nouveaux enfants, a de la crainte pour son fils et lui demande de ne pas aller avec eux.

Marc sait que dans quelques brefs instants, il va entendre l'appel à la prière; puis peut-être comme ces trois derniers jours, la porte du jardin qui grince parce que quelqu'un joue à l'ouvrir et à la fermer.

C'est toujours la même voix qui appelle les fidèles à la prière, tôt le matin et plus tard dans la journée, jusqu'au soir. Marc pense que lorsqu'il va rencontrer celui que sa mère appelle le prêtre de la mosquée, il va le reconnaître à sa voix. Sa voix chaude, attirante, enchanteresse et grave peut monter vers les aigus, toute occupée de sa passion et de sa foi.

- Ridicule! dit la maman de Marc. Ce n'est pas civilisé de crier comme ça aux aurores!

L'aurore oui.
La première prière.

Celle où le muezzin explique que la prière vaut mieux que le sommeil. Marc n'est pas sûr d'être d'accord avec le saint homme et il s'assoupit. Une seconde, peut-être. Ou dix. Comment savoir?

Puis, enfin! le portail du jardin grince. Comme il le fait depuis trois jours.

- Qu'a-t-il à venir nous regarder comme ça, ce garçon? Il est mal élevé! dit maman. Oh! Ce doit être un mendiant! Un mendigot quoi!

- Maman, ce n'est pas un mendiant...

- Bof! dit maman. Ils le sont tous. Quelle importance?

Le premier jour, Marc lui-même est surpris: à quelle heure ce garçon s'est-il levé pour être là, tranquillement installé de l'autre côté de la route empoussiérée, quand la maisonnée se réveille à peine?

Et ce manège, étrange et si-
lencieux... dure depuis combien
de temps? Marc ne sait le dire.
Il sait seulement que depuis
trois jours il entend grincer le
portail du jardin et que pour lui
cela signifie que... que... que son
ami est là. Et qu'il l'attend.

*S*on ami?

- Qu'a-t-il donc à nous sur-veiller? dit maman. Il sait sans doute que nous sommes seuls. Que ton père est encore en mis-sion dans le Nord. Il pense sans doute qu'il y a beaucoup à vo-ler dans cette maison!

- Maman, pourquoi penses-tu que c'est un voleur?

- Ils le sont tous!

Au fil des jours, la nervosité de maman grandit. À présent, elle menace d'aller se plaindre à la police que ce... ce... ce mendi-

got vient chaque jour les sur-
veiller et les empêcher de vivre.

Marc s'éveille complètement.
Il comprend avec certitude que
son ami est là qui l'attend avec
patience, de l'autre côté de la
route poussiéreuse.

Il évite tout mouvement brusque et s'assoit sur son lit. Il ôte lentement son pyjama et s'habille: un polo de coton indigo et un pantalon de toile marine qu'il a déjà mis la veille. Il se baisse pour lacer ses chaussures de sport. Il sort de sa chambre en silence, sans oublier de prendre sa veste de laine dont les grandes poches contiennent toutes ses économies. Il a cassé sa tirelire la veille, dans le plus grand secret.

La serrure de la porte d'entrée, au bout du couloir, ne présente aucune difficulté; elle est bien graissée. Marc traverse le jardin d'un pas léger et se retrouve, par-delà le portail grinçant, sur la route de poussière.

- Et surtout, ne leur parle jamais! Je te l'interdis bien! a dit maman, la veille au dîner.

- Pourquoi?

- Tu demandes pourquoi? Parce qu'ils sont rusés!

- Rusés?

- Oui. Et menteurs!

Marc sourit en respirant d'aise dans la fraîcheur de l'aube. Février tire à sa fin. Bientôt les scorpions vont se réveiller de leur sommeil d'hiver... Il regarde l'horizon, inquiet. Il ne voit rien d'autre que le rougeoiement magnifique qui annonce, à l'est, le lever du soleil.

Courageusement, il s'achemine vers le village. C'est une oasis marine sans grande beauté; tous les cars de touristes, qui descendent du nord, l'évitent pour atteindre plus vite la mer de sel, située plus bas. Marc prie Dieu qu'il en soit toujours ainsi.

Il arrive près des quelques eucalyptus qui marquent l'entrée du village lorsqu'il s'entend appeler par son nom.

- Marek!

Il s'arrête, surpris et heureux. Son ami, aussi brun que lui est blond, vient vers lui.

- *J*e... Bonjour.

- Bonjour! Je m'appelle Krim.

- Et moi Marc.

- Marc? Je croyais que tu étais Polonais. C'est pour cela que je t'ai appelé Marek!

- Non. Je suis Breton.

- Breton?

- Enfin... Français de Bretagne.

- Ah! Allons-y, tu veux?

- Je... Je ne me suis pas lavé.

- Rien de plus facile à réparer.

Marc suit Krim, étonné de se sentir si heureux.

- Et ne les touche jamais! lui a dit encore maman. Ils sont pleins de parasites!

Krim lui prend la main et le guide: ils tournent dans une ruelle et passent une petite porte basse pour se retrouver dans une cour. Les masures ou maisons pauvres qui l'entourent sont closes et silencieuses. Krim lâche la main de Marc, porte un doigt à ses lèvres pour demander le silence et ouvre la fontaine qui trône au milieu de la cour.

- Je ne veux pas qu'ils te touchent, dit souvent maman. Même pas tes vêtements! Ils sont pleins de parasites, ces gens-là!

- Tu veux dire qu'ils sont... contagieux?

- Parfaitement! Ils peuvent te donner leurs maladies rien qu'en te regardant!

Marc donne sa veste à Krim et se baisse sous le jet puissant de la fontaine. L'eau glacée le surprend: il frémit de plaisir. Il se frotte énergiquement le visage, le cou, les bras et les mains. Il finit sa toilette en se rinçant la bouche plusieurs fois, comme il a vu faire les vieillards d'ici, pour leurs ablutions.

- Quel âge as-tu? chuchote Krim.

Marc coupe l'eau et reprend sa veste pour s'essuyer la figure avant de l'enfiler.

- Neuf ans, murmure-t-il.

- Tu fais plus.

- Et toi?

- Neuf ans aussi.

- Tu fais moins.

- C'est ce qu'on dit. On y va?

Ils se retrouvent dans la ruelle.

- Évidemment, répète maman, tu ne dois pas manger ce qu'ils ont touché.

- Qui?

- Les gens d'ici, voyons! Tu vois bien qu'ils sont sales!

Soudain, ils débouchent sur une place en pente où s'ouvrent déjà plusieurs échoppes.

- Il est bien tôt, dit Marc, comme pour lui-même.

- Il est quatre heures du matin. On va manger.

- Il fait jour pourtant.

- Il fait jour depuis un moment, c'est l'aurore. Le soleil va se lever bientôt. Tu veux un beignet?

- Heu...

Ils entrent dans un magasin minuscule et obscur. Marc n'y voit rien. Quelques mots qu'il ne comprend pas sont échangés. Puis ses yeux s'habituent à l'obscurité de l'échoppe. Il devine enfin un homme très fort, assis haut perché près d'une cuvette en maçonnerie où cuit quelque chose.

- Avec ou sans sucre? demande Krim.

- Heu... Sans.

- Ah! Comme moi. Avance un peu. On va se régaler. Moi j'ai déjà faim. Mais pour toi, le civilisé, la faim va venir en mangeant peut-être?

Marc, habitué à présent à l'obscurité, voit bien le marchand de beignets: il travaille avec des gestes précis et sûrs. Des boules de pâte attendent sur un plateau posé près de lui. Il en prend une, la pétrit des deux mains, l'élargit pour en faire une rondelle et la met dans l'huile chaude. Une odeur de blé mûr et de graisse cuite chatouille les narines de Marc.

Il se sent impatient de goûter au beignet qui dore. Du bout d'un long fil de fer, le marchand retourne vite la rondelle de pâte pour la cuire sur l'autre face.

Peu après, il pose un beignet dans une assiette et un second dans une autre assiette.

Krim regarde Marc comme pour l'inviter et commence à manger avec une calme gourmandise. Après une seconde d'hésitation, Marc en fait autant.

La pâte est dorée, croustillante et très chaude. Marc supporte la délicieuse brûlure, goûtant par là à un paradis inconnu.

Krim fait un geste bref et le marchand se remet au travail. Les deux garçons mangent de nouveau d'autres beignets. Marc vit un moment parfait, composé de silence, de joie et de mastication.

Quand ils ont fini, ils s'essuient la bouche et les mains avec des carrés de papier absorbant que leur donne le marchand.

Marc se sent fier de pouvoir payer.

- Combien? dit-il.

Krim traduit car le marchand parle seulement l'arabe. Le vieil homme rit franchement en secouant la tête de gauche à droite.

- Non, dit Krim. Il ne veut pas être payé. Il n'accepte jamais l'argent des enfants.

Marc en est tout surpris. Il s'approche timidement de l'homme assis pour lui dire au revoir.

- Merci, dit-il et il tend la main.

Le marchand la prend et la garde dans ses mains chaudes et larges.

Leurs regards se rencontrent. Marc se sent tout petit à côté de cet homme imposant dont les yeux contiennent toute la bonté du monde.

- D'ailleurs, explique souvent maman, ils cherchent toujours à te prendre ce que tu as. Méfie-toi d'eux! Tu comprends, ils sont si pauvres et ils le resteront toujours!

- Je vais revenir, dit Marc.

Krim le pousse par le coude et ils sortent.

Traversant la place, ils entrent au café qui ouvre à peine.

- Tu veux un jus d'orange frais ou un lait chaud?

- Un jus d'orange, choisit Marc, ravi.

Ils boivent en silence

Marc, la main dans la poche de sa veste, fait sonner ses pièces.

- Tu vas me dire combien je dois payer ici.

Krim sourit.

- Tu es un vrai petit Européen! Tu ne penses qu'à payer. Tu te méfies quand on veut te donner quelque chose!

- Non.

- Tu vois, ici on ne paie pas! Ce que je bois dans ce café est payé par mon travail et toi tu es mon invité. Alors...

- Tu travailles?

- Oui, quoi! Il faut bien. Je suis orphelin... Je vis avec ma grand-mère qui est trop vieille pour aller chercher le pain.

- Et toi tu...

- Aujourd'hui, je me repose. Je prends mon dimanche comme toi. Mais les autres jours, à cette heure-ci, je travaille.

- Et l'école?

- J'y vais après. Quand j'ai fini... Dépêchons-nous. Allons chercher un peu de poisson.

*M*arc suit son ami sans comprendre.

Ils se dirigent vers la plage, domaine absolument interdit.

- Ne va pas du côté de la mer, répète maman. Surtout du côté du port, là où c'est plein d'algues dégoûtantes. Il y a de quoi attraper la polio!

Marc marche avec prudence sur les détritus noirâtres jusqu'à ce qu'ils arrivent à un endroit parfaitement propre et plat; à partir de là, on peut voir très loin.

- Il fait encore bon mais dans un moment, il va commencer à faire chaud. Non, ils ne sont pas trop loin.

- Qui?

- Les pêcheurs.

- Où?

- Regarde à l'horizon leurs silhouettes. Marchons un peu.

Marc songe qu'il va enfin pouvoir remercier son ami. Il va lui acheter du poisson. Quelle bonne idée! Du poisson pour Krim et sa vieille grand-mère.

- Ils pêchent sur la plage? dit-il, étonné.

- Oui. Au filet. La mer est riche. Il n'y a pas besoin d'aller loin.

Ils marchent d'un pas vif et arrivent près des travailleurs de la mer. Sous la direction de leur chef, ceux-ci tirent un immense filet, en chantant doucement. Ils sont tous pieds nus.

Soudain le soleil levant éblouit la terre entière. Revenu de sa stupeur, Marc s'aperçoit que la plage est de nouveau déserte.

- Ils sont partis? demande-t-il déçu.

- Bien sûr. Ils ont fini leur journée.

- Je voulais t'acheter du poisson.

- Acheter, acheter... Suis-moi, si tu veux bien.

En marchant Krim tire de sa poche un sac en plastique. Ils arrivent à un monticule de petits poissons bleus qu'étrangement les pêcheurs ont laissés.

Krim en met quelques poignées dans son sac. Marc a un peu mal au cœur à cause de l'odeur forte.

- À qui c'est, ce poisson?

- À tout le monde, dit Krim. La sardine ne se vend pas. Alors les pêcheurs la laissent pour les familles pauvres du village.

- À qui je dois... payer?

- À personne. Laissons-en pour les familles nombreuses.

Marc lève les yeux et voit en effet des groupes de personnes qui se dirigent vers la plage avec des sacs, des seaux et des récipients divers.

- Je ne crois pas à cette histoire invraisemblable, va dire certainement maman. Ces pêcheurs sont sans doute payés par le Syndicat d'initiative.

Marc décide définitivement de taire son aventure matinale, celle d'aujourd'hui et toutes celles qui vont venir.

*K*rim l'emmène chez lui. C'est une pauvre masure dotée d'une cour minuscule. Vue de près, la grand-mère a l'air très très vieille.

Marc accepte de goûter à la galette de printemps qu'elle lui offre et décide de lui donner un jour tout son argent.

Krim le presse pour qu'il rentre avant le lever de sa maman.

Ils partent sur la route empoussiérée.

- Et surtout, ne les embrasse jamais, répète maman un million de fois. Ce sont des sorciers et des sorcières. Ils vont te jeter des sorts. Ils sont capables de tout!

Marc s'arrête brusquement. Il explique qu'il a oublié de dire au revoir à la grand-mère et se met à courir vers la masure. Il veut serrer dans ses bras la vieille sorcière. Oh! Maman comme tu as raison! Ils sont capables de tout! Ils sont capables de tout l'amour du monde!

Le plus de Plus

Réalisation : Dung Huynh Truong

*Une idée de Jean-Bernard Jobin
et Alfred Oullet*

AVANT DE LIRE

As-tu le goût de l'aventure ?

Pour le savoir, choisis pour chaque question la réponse que tu trouves la plus juste.

1. Quelqu'un te propose d'aller en excursion en Afrique ou en Antarctique.

▲ Tu es tout de suite intéressé et tu acceptes la proposition.

● Tu veux réfléchir avant de donner ta réponse.

■ L'idée ne t'intéresse pas du tout.

2. Quand tu voyages en avion ou en bateau :

▲ Tu es parfaitement heureux.

● Tu penses à ta maison et à tes amis.

■ Tu es malade et très nerveux.

3. Quand tu fais du camping avec tes parents ou tes amis :

▲ Tu profites de la vie en plein air.

● Tu penses au confort de ta chambre.

■ Tu es malheureux.

4. Chez des amis, on te fait goûter à des plats exotiques.

▲ Tu essaies avec plaisir

- Par politesse tu essaies mais tu n'es pas sûr d'aimer.
- ■ Tu dois faire un effort pour ne pas être impoli envers tes hôtes.

5. Si tu es perdu dans une ville que tu ne connais pas:
- ▲ Tu restes calme et tu cherches quelqu'un pour te renseigner.
- Tu as peur mais tu cherches un agent de police.
- ■ Tu restes sur place et tu pleures.

Pour mieux comprendre

Dans *Le mendigot* il y a deux petits garçons: Krim et Marc. Ils sont nés dans deux pays différents et... voici des informations pour t'aider à mieux comprendre.

Le pays de Krim est bordé au nord par la mer Méditerranée et au sud par le désert du Sahara. La majorité de la population est regroupée au nord où le climat est plus doux. Plus au sud, dans le désert, il y a des tribus nomades qui se déplacent en caravanes. Sahara veut dire en arabe un pays désert et à l'état sauvage. De temps en temps apparaît une oasis avec un trou d'eau ou une source. Les caravanes s'y arrêtent pour faire boire leurs chameaux et renouveler leur provision d'eau avant de continuer leur route.

La langue parlée par la majorité des gens du pays est l'arabe et leur religion est l'islam. Les pratiquants de cette religion s'appellent des musulmans. Ils suivent les enseignements d'un prophète, Mahomet dont les paroles sont inscrites dans le livre sacré, le Coran.

Le pays de Marc, c'est la France et plus précisément une région du nord-ouest appelée Bretagne. Il y fait plus froid que dans le pays de Krim. Les habitants de cette région sont des Bretons et ils parlent français et breton.

Beaucoup de Bretons sont marins et vivent de la pêche car la Bretagne est bordée par l'océan Atlantique. Les Bretons sont majoritairement catholiques.

Ce qu'on mange dans chacun de ces deux pays :

En Afrique du Nord, le plat typique est le couscous qu'on mange souvent avec la viande de mouton. La boisson est le thé souvent parfumé à la menthe. Une pâtisserie bien connue est la galette de printemps. Les fruits qu'on trouve en Afrique du Nord et qui sont particulièrement recherchés sont les dattes et les oranges. Les Nord-Africains utilisent aussi beaucoup d'épices comme le cumin, la muscade et la cannelle dans la préparation de leurs plats.

En Bretagne, comme en France, on aime beaucoup le pain et les fromages. Comme la Bretagne est une région située au bord de la mer, il faut aussi mentionner les poissons et les fruits de mer. La boisson est le vin et le cidre pour les adultes et pour les enfants, c'est souvent l'eau minérale, le jus de fruits et le lait. La Bretagne est célèbre pour certaines pâtisseries : les galettes et les crêpes bretonnes.

Le mot caché

Tu trouveras dans ce carré des noms de pâtisseries, de fruits, de plantes aromatiques et d'épices qu'on trouve en Bretagne et en Afrique du Nord.

Avec les lettres qui restent forme le nom d'une plante aromatique dont les feuilles sont très odorantes.

galette – beignet – tarte – crêpe – raisin – orange – citron – mandarine – basilic – menthe – cumin – muscade – poivre – anis – abricot

G	A	L	E	T	T	E	E	C	L
U	N	M	C	I	L	I	S	A	B
T	I	A	E	P	M	N	N	B	Y
P	S	N	D	O	E	I	O	R	T
A	S	D	A	I	N	S	R	I	E
N	E	A	C	V	T	I	T	C	N
I	T	R	S	R	H	A	I	O	G
M	R	I	U	E	E	R	C	T	I
U	A	N	M	O	R	A	N	G	E
C	T	E	U	C	R	E	P	E	B

Le mot caché est : _____

Rébus

Voici un rébus. Il représente une phrase de La Fontaine[1], qui te donnera le thème du Mendigot.

---

1. La Fontaine est un poète français mort en 1695. Il a écrit beaucoup de fables. Tu connais peut-être « Le corbeau et le renard », « La cigale et la fourmi », « Le lion et le rat » ?

L'origine de nos chiffres

Voici les deux sortes de chiffres que nous utilisons tous les jours. Sais-tu d'où ils viennent ?

1 2 3 4 5 6 7 8 9 0, ce sont des chiffres :

1. français
2. espagnols
3. romains
4. arabes

I X IV XVII XXV IX, ce sont des chiffres :

1. espagnols
2. grecs
3. arabes
4. romains

AU FIL D'UNE BELLE AMITIÉ

Le fil d'une définition

Pour trouver la définition, choisis des mots de la première ou de la deuxième ligne et attache-les par un fil ou une ligne.

exemple : Algérie

Pays de être né Marc

ville où est là Krim

1. Mendiant (un mendiant)
   Personne   de   mendie
   Action   qui   avoir

2. Mendier
   Demander   une   petite   ville   vivre
   Crier   quelque chose   pour   faire

3. Mendigot (un mendigot)
   Mot   populaire   que   mendiant
   Verbe   faire   pour   mendier

Devinettes

Qui est-ce ou qu'est-ce que c'est ?

1. Il appelle cinq fois par jour les fidèles du haut de son minaret.

2. Sa piqûre est parfois mortelle, il hiberne et se réveille au printemps.

3. Ses feuilles sont odorantes et peuvent servir à la fabrication de certains médicaments ou à parfumer les boissons en Orient.

4. Il est délicieux, il cuit dans l'huile et se mange chaud.

5. Elle est verte et vit dans l'eau.

JEUX

Méli-mélo sur les animaux d'Afrique

Les lettres de chaque mot sont mélangées. Mets-les en ordre pour obtenir le nom d'un animal d'Afrique.

ex: 1. A L A C O **calao**

2. T A N P H É L É

3. D I L E C R O C O

4. M É L O N É C A

5. P O I L T E N A

6. T A P O M H I E P P O

7. N O L I

8. Z A L L E G E

9. E R B È Z

10. G I N S E

11. B I S I

12. D R E A M A I R O D

L'arabe c'est facile !

Voici des mots arabes écrits avec les lettres de notre alphabet. Devine leur sens.

ex: SAHARA

    1) vent

    2) rivière

    3) désert √

A. BLED:

    1) village

    2) palais

    3) maison

B. MÉDERSA:

    1) terrain de jeu

    2) gymnase

    3) école

C. MÉHARÉE:

    1) voyage à dos de chameau

    2) voyage en avion

    3) voyage en train

La galette bretonne

Marc a réussi à persuader sa mère que les gens du village ne sont pas du tout ce qu'elle pensait. Elle les comprend beaucoup mieux et voilà qu'elle propose à Marc d'essayer de faire lui-même une galette bretonne pour l'offrir à la grand-mère de Krim. Veux-tu essayer la recette de Marc?

Il te faut :

> 500 g. de farine
> 250 g. de sucre
> 125 g. de beurre
> 100 g. de noisettes finement hachées
> 3 oeufs + 1 oeuf pour dorer
> 1 cuillerée à thé de levure

1. Sur la table, mélange la farine, le sucre, le beurre, la levure et les noisettes hachées.

2. Ajoute les oeufs un par un et fais une boule avec tes mains.

3. Mets ta pâte en boule et laisse-la reposer trois à quatre heures.

4. Étends ta pâte; fais une forme ronde, de 1,5 cm d'épaisseur; dore au jaune d'oeuf et mets au four sur une tôle beurrée.

5. Laisse cuire à 350 degrés Farenheit ou à 180 degrés Celsius pendant 40 minutes.

VIVRE AILLEURS

Le petit déjeuner des enfants du monde

Marc et Krim ont mangé de délicieux beignets pour le petit déjeuner. Peux-tu dire ce que des enfants d'autres pays mangent le matin avant d'aller à l'école?

1. Les Français:
   a. des bagels
   b. des tartines avec de la confiture
   c. du pain avec une omelette au jambon

2. Les Américains:
   a. des céréales
   b. des pommes de terre en purée
   c. des croissants

3. Les Chinois:
   a. du riz frit
   b. du potage de riz
   c. du pain

Des amis partout

Voici comment on dit « Je suis ton ami »
en d'autres langues.

1. Ich bin eine freund. C'est :

   allemand
   anglais
   portugais

2. Io sono il vostro amico. C'est :

   polonais
   suédois
   italien

3. Soy tu amigo. C'est :

   japonais
   allemand
   espagnol

4. أَنَا صَدِيْقُكَ   C'est :

   chinois
   japonais
   arabe

Les Solutions

As-tu le goût de l'aventure ?

Compte les ▲, les • et les ■ que tu as obtenus.

— Si tu as plus de ▲, tu es une personne courageuse, et très ouverte aux gens et aux cultures. Tu possèdes la joie de vivre et l'aventure. Es-tu toujours assez prudent?

— Si tu as plus de •, tu es une personne raisonnable. L'aventure te tente mais tu veux toujours peser le pour et le contre avant de te lancer dans une entreprise.

— Si tu as plus de ■, tu es peut-être un peu trop timide, et renfermé sur toi-même. L'aventure pour toi est peut-être dans les livres?

Le mot caché est E U C A L Y P T U S

G	A	L	E	T	T	E	E	C	L
U	N	M	C	I	L	I	S	A	B
T	I	A	E	P	M	N	N	B	Y
P	S	N	D	O	E	I	O	R	T
A	S	D	A	I	N	S	R	I	E
N	E	A	C	V	T	I	T	C	N
I	T	R	S	R	H	A	I	O	G
M	R	I	U	E	E	R	C	T	I
U	A	N	M	O	R	A	N	G	E
C	T	E	U	C	R	E	P	E	B

Rébus

Un véritable ami est une douce chose. La Fontaine.

Les chiffres

1 2 3 4 5 6 7 8 9 0 : ce sont des chiffres arabes.
I X IV XVII XXV IX : ce sont des chiffres romains.

Le fil d'une définition

1. Mendiant (un mendiant)
   Personne qui mendie

2. Mendier
   Demander quelque chose pour vivre

3. Mendigot (un mendigot)
   Mot populaire pour mendiant

Devinettes

1. le muezzin ; 2. le scorpion ; 3. l'eucalyptus ; 4. le beignet ; 5. une sorcière ; 6. une algue

Méli-mélo

1. calao
2. éléphant
3. crocodile
4. caméléon
5. antilope
6. hippopotame
7. lion
8. gazelle
9. zèbre
10. singe
11. ibis
12. dromadaire

L'arabe c'est facile !

a. village ; b. école ; c. voyage à dos de chameau

Le petit déjeuner des enfants du monde

1. c. des tartines avec de la confiture
2. a. des céréales
3. b. du potage de riz

Des amis partout

1. allemand
2. italien
3. espagnol
4. arabe

Dans la même collection

• niveau facile
■ niveau intermédiaire

70